世图心理

U0455302

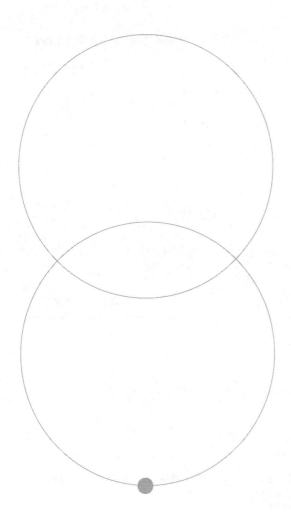

知行合一
的力量

黄国峰 著

世界图书出版公司

北京·广州·上海·西安

图书在版编目（CIP）数据

知行合一的力量 / 黄国峰著. -- 北京：世界图书出版有限公司北京分公司，2019.9
ISBN 978-7-5192-6657-8 （2020.4重印）

Ⅰ.①知… Ⅱ.①黄… Ⅲ.①心理学—研究 Ⅳ.①B84

中国版本图书馆CIP数据核字（2019）第177644号

书　　名	知行合一的力量
	ZHIXINGHEYI DE LILIANG
著　　者	黄国峰
策划编辑	李晓庆
责任编辑	李晓庆
装帧设计	蔡　彬
出版发行	世界图书出版有限公司北京分公司
地　　址	北京市东城区朝内大街137号
邮　　编	100010
电　　话	010-64038355（发行）　64037380（客服）　64033507（总编室）
网　　址	http://www.wpcbj.com.cn
邮　　箱	wpcbjst@vip.163.com
销　　售	新华书店
印　　刷	北京中科印刷有限公司
开　　本	880mm×1230mm　1/32
印　　张	6.25
字　　数	120千字
版　　次	2019年9月第1版
印　　次	2020年4月第3次印刷
国际书号	ISBN 978-7-5192-6657-8
定　　价	59.00元

目录

第二章 陪伴彼此成长

第三章　让生命状态变得更好

结语

前言

在过去的日子里，你是否曾感到生活一直在重复？年纪越来越大，身体也越来越不中用，可我们的心智模式与生命状态仍然没有任何变化。日子重复过，问题重复犯。我们期待以后可以更好，生命可以再前进。但我们做了些什么？改变了些什么？

终其一生，我们一直在寻找"我们到底要如何才能够让生命不同且更好"的答案，并且希望活出最恢宏的生命版本。要提升自己的精神境界，我们就不可以再让过去等于现在，等于未来。

在这本书中，我希望借助一些古圣先贤的智慧让你的生命再前进。过去很多圣贤，不管来自东方还是西方，都有很多领悟。我们常常说，站在巨人的肩膀上才能看得更远、更宽广，但是首先你要能够爬上巨人的肩膀。中国这块古老的土地拥有上下五千年的文明积淀，诞生了很多圣贤。然而鲜有人能够萃取并吸收圣贤的智慧。我们学了很多现代科学知识，却不懂得待人处事。虽然我们可能能力很高、学历很高、技术很在行，但是品性并没有跟上来。所以尽管我们外在拥有很多，却还是烦恼依旧，内心觉得很空虚。

要让未来可以更好，我们就不能继续活在惯性思维模式里，不能只是活出过去的生命状态。我们可以通过改变思想、言语、行动，成就一个不同且更好的自己；通过觉察、觉知、觉悟，达到更高的生命境界；通过接受更多元的心智教育，扩展格局与视野。走的路不同，遇到的景色就不同。心智模式不同，活出的人生也不同。一个更好的未来在等着我们。

谨以此书献给所有愿意为活出最恢宏的生命版本而努力不懈的朋友。

第一章

成为别人的好环境

第一节
成为别人的好环境

在一个家庭里，无论是丈夫还是妻子，都要从自己做起。你要先成为别人的好环境，在家里成为家人的好环境，在公司成为同事的好环境，在社会成为众人的好环境。这样你就离成功不远了。

有一种情况是：几个人在一边聊天聊得好好的，这时突然有一个人进来，空气瞬间僵住！不得不说这个人的能量很强，但他带来的是负能量。另一种情况是：一个地方死气沉沉的，可是有个人进来之后，气氛突然活跃了起来。我们可以说这个人有能量，而且是正能量。我希望你能成为能够带来温暖的好环境，带给别人正能量。为了活跃气氛，你可以唱首歌，什么都可以，比如国歌、生日歌……重点是快乐，而不是唱什么歌。快乐不就是你要的吗？孩子快乐，父母快乐，小家也就快乐了。这个家充满快乐，那个家充满快乐，社区不就充满快乐了吗？这个社区充满快乐，那个社区充满快乐，国家不就充满快乐了吗？

一个人吃饭十分钟，一百个人同时吃饭也是十分钟。依照这个道理，假设一个人成长需要一年，那么全世界的人成长也只需要一年。但现实就是你在成长，其他人没有在成长。走在成长路上的人越多，这个现实也就会离理想更近。

第二节

所谓"要好"，就是自己要先好

你的家人跟你生活在一起并不容易。可是，你总是觉得他们有问题。如果你听说有一门课程可以让人变好，你恐怕会马上帮他们报名。因为你觉得只要对方好了，全家就都好了。如此看来，你真的很有问题。

所谓"要好"，就是自己要先好。人生的路要怎么走，首先自己要想明白：人生是什么？自己是什么样子？先把自己弄清楚了，你才能够活得明白，明白地活。

最后，我希望你能用多元的视角来分享你的所见所闻。

第三节

请你"活出来"，
而不是拿武器到处伤人

请你"活出来"，而不是拿武器到处伤人。如果你能做到这一点，那么当你的亲朋好友跟你聊天、互动的时候，他们便能看到你的情绪、你的态度、你的行为发生了改变，看到你的成长。讲话、走路、吃饭是我们做得最久的三件事。你讲话的方式不一样了，那些跟你长期互动的伙伴会很容易发现。你走路的方式不一样了，你吃饭的方式不一样了，他们也会发现。可是往往道理我们都懂，却"活不出来"。

你听说有一门课程可以改变人的心性，于是你报了名，上了课，回家后还向伴侣推荐。"你一定要去上课，这个课太好了！真是太好了！"

"真的吗？"

"我跟你讲啊……真的很好！"

"我不相信。"

"我跟你讲啊……"

"哪有你说的那么好，看你那个死样子，还是没变啊！"

看似你从课程中收获了很多，结果伴侣一反驳，你的脾气就上来了。你会发现，大多数人的学习模式是吸收很多道理，回头再把道理讲出来。我不希望你只会讲道理，也不希望你不讲道理。我希望的是你把道理"活出来"。

我记得在电影《大话西游》里，唐僧被绑在牛魔王那里，他旁边有个小牛魔王。唐僧一直对着小牛魔王讲，讲到最后小牛魔王都快疯掉了。我想说的是，生命是活出来的，讲只是一部分。在听了我讲的道理后，请你"活出来"，而不是把道理当武器，到处伤人。你用道理做什么，与你的生命状态和心智模式有关，与我讲的道理无关。你可以用一支笔写情书，也可以写骂人的话。你可以用一把刀砍柴，也可以用它砍人。

第四节

你的每个角色都做好了吗？

当你活出某种状态的时候，再回去之前的状态通常很难，也就是说难以来去自如。比如当你进入某个领域后，要想回到之前待过的领域，你通常需要一段适应期。这种情况还算不错。你只需要稍做适应，就可以调整回去。我最担心的是，无论在哪个阶段，你都没有做好。比如你在三十岁的时候没有扮演好子女的角色，在四十岁的时候也没有扮演好，甚至在父母迎来人生的毕业典礼时也没有把子女的角色扮演好。再比如伴侣的角色。如果你结婚了，不妨问问自己，结婚以后，自己真的扮演好伴侣的角色了吗？看看自己的个性，看看自己的认知模式，看看自己的脾气，看看自己的毛病，你愿意嫁给自己或娶自己吗？其他角色也是如此。事实上，你未必做好了每一个角色。

第五节

你的这个"我"是不是太大了？

好久不做饭，有一天你突然来了兴致，想做饭给家人吃。那么，你是做自己喜欢吃的，做孩子喜欢吃的，还是做父母喜欢吃的？通常我们会优先考虑孩子，做孩子爱吃的。做出的饭通常会很硬，但是父母年纪大了，牙齿不好，吃不下去。这时候你可能会用营养学的知识来劝父母："爸、妈，这样营养才不会流失。"父母吃不下，你却硬要他们吃，因为你活在自己的道理中。

现在我的牙齿已经松动。有一天，你也会跟我一样。以前我从来不怕吃甘蔗的。现在我是真怕。将心比心，我现在在买东西给父母吃的时候会从他们的角度考虑，讲话也从他们的角度讲。在此之前，我可能常常会从自己的角度出发买

东西、讲话。我想说的是，我们通常会以自我为中心。以我
为尊，以我为主，所以连孝道都以我为主。这个"我"也太
大了吧！

第六节
点灯

　　我曾经问自己，学那么多知识是为了什么？难道只是为了充实自己的知识体系吗？我认为不是的。国家发展经济是为了什么？经济得到发展之后呢？我们应该活出什么样子来？我认为我们要活出更好的生命状态，然后成为社会的好环境。

　　你的生命状态变好了，你自然就会成为社会的好环境。回到家，成为家人的好环境；回到公司，成为公司的好环境；回到社会，成为社会的好环境。这不就是"点灯"的状态吗？我们不应该把学到的知识、道理当作工具，拿来"修理"别人。在学了很多知识、道理后仍然活不出一个好样子，那是不对的。学那么多就是为了活出生命该有的样子。
我们东方人讲知行合一、内外一致、天人合一，不是人定胜
天。不要学了很多之后变成一个很骄傲的人。

第七节

心境会随际遇改变

你会发现，人心是可以随环境转换的。环境既可以是外物，也可以是人本身。跟一个积极的人在一起，我们会变积极；跟一个阳光的人在一起，我们会变阳光。

在二战期间，盟军的主帅去视察跳伞部队，陪同人员是一位将军。主帅问大家："你为什么而来？"大部分士兵的回答是："我热爱跳伞！我勇于跳伞！"但是其中一个士兵说："我害怕跳伞。"那位陪同的将军非常尴尬，心想怎么会突然跑出一个人说"我不敢跳伞，我畏惧跳伞"。主帅说："那你为何而来？"士兵说："我希望被这一群勇敢、热爱跳伞的人感染，有一天也可以勇于跳伞、热爱跳伞！"

这个故事告诉我们环境很重要。我们要成为别人的好环境。
我认为，只要你的存在是可以鼓舞人心、带来光明的，你的
存在就是美好的。

第八节

你有空间让人提点吗？

有一个修行人从山上下来，在半山腰休息。这时他突然看到旁边有一个莲花池开满了莲花，心生欢喜，于是走到莲花池边欣赏莲花。他心生一念："哎呀！如果能摘一朵该多好呀！"这个念头一出来，他还没来得及去摘莲花，莲花池里就跑出一个神仙，呵斥他说："亏你还是个修行人，居然起这个贪念。"那个修行人感到很羞愧，于是说："真是不好意思，我不该起这个贪念。"然后他跑到旁边坐下来，开始忏悔，心想："我怎么会起这个贪念？漂亮就漂亮，我欣赏一下就好，为什么还想要占有它呢？"

过了不久，山下有一个年轻人到了这个地方，也坐下来休息。年轻人看到满池的莲花心生一念："如果统统把它们摘了，带到山下去卖，应该可以赚一笔吧？"于是他把莲花摘了并带走了。

那个修行人心想："怎么待遇差这么多啊！我才心生一念，都还没有摘莲花，那个莲花池神就冒出来，把我骂得狗血淋头。而那个年轻人把所有莲花都摘完了，他也没出现。"

修行人走到莲花池边，对着莲花池说："来，给个交代吧！为什么对我和对那个年轻人差那么多啊？"那个莲花池神从水里冒出来，回答道："你是个修行人，是一块白布啊。偶尔起了贪念，就像白布上染了污点。如果我指正你，你会听得进去，会修正，会改变，因为你有改变的空间。而那个人呢？你知道吗？他是一块黑布，我多说两句恐怕会被他打。"

回想一下：活到现在，有多久没有人说你了？人生走到现在，有多久没有人提点你了？你觉得这是好事还是坏事呢？你还有空间让人家说吗？你还有空间让人家提点吗？你是黑布还是白布呢？没有人说你，是十分可悲的。

你的家人、朋友是否也不敢说你了？如果是，那么你可能已经没有空间让人家说你了。你呈现的生命状态是：我就是没空间，你不要说我，不然我就翻脸。如果人家只是淡淡地说你，而你重重地反击，那么下次就没人敢说你了。你将在精神层面失去朋友、家人、老师……

我在讲课的时候，总有学生跟我说："老师，挺起来。"你听出了什么呢？是的，学生会提点我。我可以被提点，不是吗？很多人吃饭在玩手机，走路也在玩手机，久而久之是不是会有点驼背？坏习惯再加上上了年纪，通常背会驼得厉害。有人愿意提点你，告诉你挺起背来，说明你还有空间让人提点，对方还愿意跟你说说话、跟你互动。

如果你是一个内心僵硬的人，一个没有空间的人，那么你可能会失去很多基本的人际互动。本身互动就是要有空间，聊天要有空间，改善要有空间，提点要有空间，变得富有要有空间。

第九节
争错

　　过去我们学习的很多知识都是为了争对。我们常常争对，却很少争错。但是，我要告诉你，争对没什么了不起，争错才不得了。下次你再跟伴侣吵架的时候，不妨试着说："对不起，这是我的错！"你看你们还能吵起来吗？除非他跟你一样争错："这次算我的，你上次跟我争错了，现在还跟我争错吗？"

　　当你认为自己没有注意到某个部分，没有考虑周全，他人也会去找自己身上没做好的地方，他会心想："你怎么会转变那么大，会找自己的错，愿意认错并修正？那我呢？我不能输给你呀！"你就是他的镜子。你看到自己的错，认错并修正，与此同时，他接受了一次生命教育。谁说一定要讲道理？有时候你的行为比道理更重要。

　　一位丈夫对妻子说："吃完饭都三个小时了，为什么你还不去洗碗呢？"妻子反击："你还敢说！那个灯泡坏半个月了，你有去修吗？你还敢说我！"这就是针锋相对，双方都不甘示弱，都在争对。正确的做法是，妻子要敢于示弱。她可以对丈夫讲："我手破了皮，碰到水会疼。"那么丈夫听到后可能会说："好啦，我来洗，我来洗。"

　　妻子不应该用修电灯泡这件事来针对丈夫。这时候撒一下娇，又不会怎样。说不定他就洗碗了，是不是？这样妻子看似输了，实际上却赢了。

第十节

陪伴彼此成长

我在课堂上会讲自己的人生感悟，希望借此提升学生的悟性。这样当他们回到自己的"钱坑""债坑""情坑"后，他们就能够觉察自己的情绪、想法，拿自己有办法。但是，人是有惰性的，有时候会忘记觉察、觉知，忘记好好修正自己，这时候就需要他人的陪伴，需要到一个环境中"浸泡"自己。我们要在环境中观照自己，让自己变得更好。

一个人点亮一根蜡烛，周围都亮了，脚下仍然是黑暗的。如果一个人点亮了一根蜡烛，另一个人也点亮了一根蜡烛，那么没有人的脚下会是黑暗的。这就是陪伴的含义。我身上也有很多不足之处，但是有很多伙伴不断地指出我的不足之处，让我知道哪里需要修正，这就是"照亮"。他们让我看到我的问题、心胸、格局，看到我在乎什么。如果我有修正自己的能力和行动，我就会慢慢变好。

第十一节
无言大法，以身示道

　　大家可能听说过特蕾莎修女的故事。她服务和帮助过的人里有百分之九十九都是印度教教徒。她的行为只是出于对生灵的爱，超越了宗教。人们很少听到她讲道理。每年有很多人会在休假时飞到德黑兰去效仿她，帮助所需之人。

　　在中国台湾，你每次停车就会收到一张缴费单。你可以积攒下来到二十四小时便利店一起缴费。如果我们拿几十张单子去缴费，店员扫描可能需要好几分钟。假设当时正好后面的人拿着大包小包的东西等着结账，你让他先来结，他会感受到你"心中有他人"的生命态度。那么当他下次遇到类似的情况时，他就很可能会替别人考虑，礼让他人。你所做的正是用无言大法，以身示道。你什么都没说就给人上了一课，让他以后用同样的方法善待更多人。

有位年轻人继承了他父亲的房子，但他的生活习惯不好。几年后房子脏、乱、差，庭院杂草丛生。别人劝他好好清理一下，他根本听不进去。有一天他在路上遇见一个朋友，朋友把手里的一束洁白的鲜花送给了他。不同的人、事、物会散发出不同的信息。婴儿散发出来的信息会让你想抱抱他、疼爱他，而这束洁白的鲜花散发出来的信息是纯洁无瑕。然后他回去翻箱倒柜，把尘封已久的花瓶找出来，放到桌子上。他发现桌子怎么那么脏，就把桌子擦了擦，然后眼睛便为之一亮，继而他觉得周围环境好像不太搭，于是用半天时间把房间打扫干净。之后他累了，坐下来又发现窗户外面的庭院杂草丛生，和屋内又不搭，于是出去用半天的时间整理干净，然后瘫在椅子上，喊着"好累好累啊"！最后他从镜子里看到了自己，内心一惊：天啊，我这几年过的是什么样的日子啊！然后他去把自己收拾得干干净净。仅仅一束洁白的鲜花，无须多言，就达到了效果，这就是无言大法。因此，教导别人的时候不要一直讲道理。有时候对方已经很苦了，你还要讲道理，对方当然不听！你只要说"有我在"就胜过千言万语了，对方就懂得如何将心比心了。

教导别人要有智慧，而不是光讲道理，一个拥抱胜过千言万语。当你牵着他的手说"有我在"的时候，这是用生命在陪伴生命，用生命在教导生命，用生命在承载生命。所以要妙用有言之法和无言大法，并且以身示法。尤其为人父母，要以身作则，内外一致，知行合一，才能教好孩子。

第十二节
智慧的投资

　　子贡与一群人跟着孔子周游列国十四年，在这期间产生的绝大部分费用都是子贡支付的。由于孔子的儿子早他很多年就已经去世了，所以在孔子去世之后，子贡在他的坟边盖了个小竹屋守丧。孔子的其他学生听说后，纷纷效仿子贡，也来守丧。三年之后，其他学生都回去了，子贡继续守了三年，一共六年。子贡本身非常聪明，他与政界和商界的关系也非常好，投资什么都赚钱。悟性如此高的人给孔子守丧六年，资助那么多的孔门弟子周游列国，这才有了后世所说的十哲七十二贤（子贡是十哲之一）。从经济学的角度讲，子贡投资对了人，十哲七十二贤都是超级绩优股。在我看来，只有你的生命状态好，你才能吸引别人给你投资。反过来，我们要做有智慧的投资者，让自己成为别人愿意接纳的好环境。

第十三节

只有不断地打井，
水才会一直涌上来

只有不断地打井，水才会一直涌上来。如果你整年都不打井，井里就会是死水，水量也不会增加。你不断地取井水，地下水再不断地补给，井水就会一直保持新鲜的状态，所以要舍得给予。你就是一口井，别人从你这里拿走东西，新鲜的东西就会补充进来，这便是明去暗来。

我讲课有五年之久了。很多学生可以发现这五年来我的成长。我不断地给予他人，领悟也越来越多。我就像一口井一样，让他人能够从中汲取东西，同时允许新鲜的东西注入，能量越来越流畅。我每次讲课都会增加新的内容，因为我总是会获得新鲜的东西。

第十四节

我不会让睡不着成为困扰

　　我一天平均睡一个小时到三个小时。每次半夜醒来，我会有灵感出现，然后我就会把它写下来。在我写完一段话回看的时候，新的灵感又会出现，我会继续写下来。这些内容常常成为我上课的素材。

　　记得有一次我要去一个地方讲一整天的课，从早上七点到晚上十点。我前一天晚上就睡不着了。我不知道该怎么跟听课的人分享我的体悟。我一直躺着，脑袋昏昏沉沉的，一直到快三点半，突然好多灵感就来了。我拿起笔就开始写，因为那时候我还习惯把笔记本和笔放在床边。因为我一个人睡，所以灵感一来，灯一开，就可以开始写。不然，如果老婆睡在旁边，我把灯一开，肯定会被说一顿，灵感也就不见了。第二天我把我半夜记下的内容讲给听课的人听，讲了一整天。

我发现，有些问题白天想不出来，晚上睡觉突然醒过来时，答案就出现了。所以当我睡不着觉的时候，我不会感到困扰。我不会让睡不着成为困扰，我会享受睡不着的时光。一般人会为三更半夜睡不着感到困扰，因为大家白天要上班、工作、开车等。但是我不同，晚上睡不着，早上还可以补眠，想打瞌睡就打瞌睡，没有人会把我摇醒，因为老婆上班，只有我一个人在家。对于突然出现的灵感，无论什么时候我都不会对抗，因为一对抗，灵感就不见了。我总是会去捕捉灵感，然后把它写下来。在此基础上，我会产生更多体悟和灵感，然后继续写下来。

第十五节
化掉黑暗的能力

有一天，我半夜醒过来，把所有灯都关掉了。以前我会留一盏浴室的灯，因为我怕醒过来后不知道身处哪里。那天半夜我醒过来的时候，只看到两个亮点，一个蓝色的亮点，一个红色的亮点，像极了两个眼睛。后来到了四五点，我去看光源，发现红色的亮点是电视机发出的，蓝色的亮点是冷气开关发出的。我只看到这两个亮点，其他全都在一片黑暗之中，这让我不知道自己在哪里。然后，我开了小灯，一时清醒，知道自己在余姚。你们可能没有这种经验，也就是醒过来不知道自己在何方。这种经验我常常有，因为我常常到各地去，半夜醒过来会有点恍惚，不知道自己在何方。在我更昏沉的时候，我会问："这是哪里？我来做什么？这是哪一个世界？"这种感觉真的很特别。

第十六节

你丈量世界的单位不同，
看到的文明也不一样

你丈量世界的单位不同，看到的文明也不一样。为了自己和他人的幸福，我们会提出很多规则。为了控制整个局面，我们也会提出很多规则。但是为了掌控而提出规则和为了幸福而提出规则，初心是不一样的。

很多人在上过我的课之后，生命更加有温度，人际关系越来越融洽，生命能量更加流畅，做事情越来越凭良心，开始与人为善。他们已经变得很好了，难道之后他们的人生就止步不前了吗？我相信他们会更珍惜他们现在拥有的。

举个例子，我曾经在一个企业里工作。企业衡量一个人的价值的标准常常是他的生产力。我这种人生产力并不高，很可能被贴上"没有价值"的标签。但是我在稳定公司的人心方面起了作用。一般人不会看到这方面的价值。公司体制改革要裁很多人，一般情况下他们会带着怨气离开。但是我让他们从办公室走出去的时候带着感恩的心，对企业没有怨恨、没有仇视。我的价值不在于为企业赚很多钱，而在于为企业稳定人心。其他人好好为企业赚钱，而我则把后方安定好，这不是很好吗？

第十七节

为了让你的生命状态变得更好，
我给你更多空间而不是把你绑死

　　如果出行的时候没有车，我们就会租车。车子有不同款式。我们可以租不同档次的车，还可以租不同的司机。我上课的时候会告诉学生，我就是他们租来的。如果他们觉得我讲得好，下次可以再来听课；如果他们觉得我讲得不好，我也是很开明的，不勉强他们下次继续听课。课后我会做调查：为什么不满意？为什么不再继续听我的课？如果学生听不懂我讲的话，无法有效地改变自己，那他总会想要找一个更好的老师，下次自然不会继续听我的课。

　　但是，如果为学生着想，我就不会用契约绑架他们。我和他们的契约会有比较宽松的条件，让他们有调整、终止

契约的机会，或者同时给出好几个契约，让他们有选择的机
会。为什么？因为我想让他们的生命状态变得更好，想给他
们更多空间，而不是把他们绑死。

如果我想要真正为你好，那么我会从你的角度考虑。
在一组漫画里，一只兔子用胡萝卜钓鱼，最后鱼自己跳了起
来，甩了兔子一巴掌，说："下次再用胡萝卜钓我，有你好
受的！"这就是一个没有从对方的角度思考问题的例子。

撇开老师跟学生的关系，我想思考的是如何服务人、
帮助人。这是生命的另一个层次。总之，我们应该考虑的是
自己能不能真正帮助到他人，而不是用一种关系"绑架"
对方。

第十八节
三年将家里变成天堂

如果你家里的每个人都变好了，那么你家就会变成天堂。现在大家组建的都是小家庭，一家就那三四口人。一年让一个人变好，那么首先要让哪一个人变好呢？我认为是你自己。第一年让自己变好，第二年让伴侣变好，第三年让孩子变好，三年之后，家里是不是就变成天堂了？在遇到事情时，你做出反省，认为是自己不对，试问你和家人怎么还能吵得起来？如果每个人都争着说"这是我的错，你不要跟我争""不好意思，我反省，我会修正、会改过"，那么结局通常都会很圆满。平时跟你互动的就那几个人，你的天堂或地狱就是那几个人组成的，不是吗？花时间搞定自己，再慢慢搞定他们。

前面我们讲要想家里变好，自己要先变好。但是，在生活中我们会遇到这样的人，他听说有一门课程可以让生命状态变得更好，就马上帮家里人报名。他是什么心态呢？他的心态就是：对方变好，全家才会太平。实际上，我们会发现，原来他才是家里最需要成长、改变的那个人。

第十九节
一体观

当父母的人都希望孩子以后可以照顾自己，不要让父母担心、烦恼。在此基础上，照顾父母、兄弟姐妹，为社会贡献正能量。

当父母的人最担心的是，自己九十岁的时候，六十岁的孩子还在依靠自己。如果孩子这样，父母在人生旅途要走完的时候都不会放心。父母什么时候最放心？当孩子不再依赖任何人，活得更好，并且可以成为别人的好环境，帮助很多人，为国家和社会贡献力量的时候。

那对于老师来说，什么时候最放心呢？当所有学生不再依赖自己，不再依赖课程，不再依赖同学时。学生成为一个非常好的环境，可以帮助自己，也可以帮助他人。这才是老师期待的。好的父母都希望孩子以后比他们自己更有出息，那一个好老师呢？同样如此。老师希望看到的是"青出于蓝而胜于蓝"。

当学生比老师更好的时候，老师通常会替学生感到高兴。当父母看到孩子可以为家庭、社会、国家、民族做出贡献时，他们也会感到很高兴。当我们看到别人的孩子成大器的时候，我们也应该感到高兴。为什么呢？因为这个社会又多了一个人为人类文明、社会发展做贡献。

在此基础上，我们再来谈一谈一体观。小家的幸福靠每个家庭成员，国家的发展靠每个小家。如果一个家庭培养出了优秀的人才，那么我们应该为国家感到高兴，为民族感到高兴。这个观念就叫一体观。"我的孩子好不好，关你什么事"，这样想是不对的。我们必须打开我们的格局和心胸，要有一体观的概念。假设只有你好，左右邻居都不好，恐怕你都不敢走出来。一出来可能就会被抢、被偷。只有大家都好，你才能够安居乐业。

第二十节

幽默是一种智慧

如果有人夸你最近很帅（很美），你会不会觉得"最近"二字有点刺耳？你可能会想，他夸我最近很帅（很美），难道我以前不帅（不美）吗？人人都有漏洞。如果对方一直抓住你的漏洞，那么你的赞美也会变成讽刺。你夸一个女孩子最近很漂亮，她会想你觉得她以前不漂亮。有没有这种无聊的人？遇到这种人，你都不知道怎么跟他讲话。你夸你的家人："你最近做的菜很好吃哦！"对方可能会回你一句："难道我以前煮的吃了会吐啊？"我们不知道他是不是在耍嘴皮子。反正人就是有这种无聊的特质。

你的名字也会生出别样的幽默。比如包松考这个名字就可以解释为"我包你轻松考试"。这个人甚至可以去卖文创产品，比如考试的平安符，上面写"包松考"，包你轻松考试，就像日本寺庙里卖的那种平安锁。我想说的是，生活处处是幽默。

你要有幽默的心智，不要去挑别人话里的毛病，要幽默以对。当别人说："你最近比较漂亮哦！"你可以幽默地回他："你说我以前漂亮，现在更漂亮，是不是？"有时候，幽默化解就是一种智慧，一种生活的智慧。

第二十一节

看到问题，也指出解决问题的方法

在一个团队里面，我看到问题，也提出解决问题的方法，然后和大家讨论，再去执行。因为我最清楚问题，也最清楚如何解决问题，所以当然由我来执行。可是很多人会觉得"还得我去解决问题，那还是不要提出问题了"。如果大家都这样想，那么问题还是问题，团队也无法成长。以前我在公司里也会鼓励大家既带着问题来，也带着解决方法来。我会问对方应该怎样解决问题，还会告诉对方公司会给他资源、人手。

在一个团队里，我们在看清楚问题之后，要找出解决问题的方法，然后和其他人一起解决问题，或者有谁愿意负责的话，我们要给予他支持，共同解决问题。如果看到问题的不是自己，那么也不要想对方又在抱怨了。不是的，他也是关心团队才会提出问题的，否则他早就走了。总之，有人指出你所在的团队的问题时，你要心存感恩，帮助对方一起解决。

第二十二节
生命的互补性

　　每一个人都不是完整的，都不够健全，但是一群人在一起却可以互补。以《西游记》里的玄奘、孙悟空、猪八戒、沙僧、白龙马为例，他们的特质各不相同，有好有坏，但他们在一起却互为补充。我们要能够看到彼此的互补性。那你有没有看到周围人的身上和你互补的人格特质？单独看一个人的眼睛，你可能不会觉得很漂亮；单独看一个人的嘴巴，你可能也不会觉得很漂亮。但是把嘴巴和眼睛放在一起看，你会觉得还挺好看的。我认为，每个人都应该去他人身上寻找和自己的人格特质互补的人格特质。一个不会哭的人，要找一个会哭的人互补；一个刚毅木讷、不苟言笑的人，要找一个活泼、幽默的人互补；一个做事一板一眼的人，要找一个做事有弹性的人互补。我们为团队挑选人才的时候，要找特质互补的人才，这样我们才能让一个团队为更多人提供服务。在挑选人才的时候，我们必须睁开眼睛、打开心智、敞开心扉。

第二十三节

高维的人是我们的好环境

因为我们是三维世界的人，所以活出了三维的生命状态，可以看到点、线、面，知道二维生物的生命状态。我们可以清楚地告诉那些低维的生物，它的生命状态如何。假设我们和活在二维世界的生物讲，它可以活出三维的生命状态，同时它相信我们所说的并努力朝着三维的生命状态改变，那么尽管它身处二维世界，但是它的心智将能达到三维的高度。

我们每个人看到的、听到的、理解的都不同，我们的心智水平也是不一样的。你可以分享自己的所见所闻给其他人，影响他们的生命状态，成为他们的好环境。

第二十四节

被你不喜欢的给渡走了

有时候你会成为你所讨厌的那种人。曾经我和自己的一位学生打招呼，他不搭理我，第二天我又和他打招呼，他还是不搭理我，第三天依旧如此。到了第四天，我便不理他了。我讨厌不礼貌的人，结果自己也成了不礼貌的人。我被他"渡"走了。

那么你又被什么给"渡"走了呢？被坏脾气、臭毛病，还是被无礼、冷漠？你可能会说"我最讨厌冷漠的人了"，结果你一开始给人温暖，到最后却变得冷漠，为什么？因为没人回应你，是不是？你可能会说"我最讨厌不尊重别人的人了，所以我每次都很尊重别人"，结果对方不尊重你，你尊重他，他还是不尊重你，你还是尊重他，如此循环往复，接下来你自然就不尊重他了。你被"不尊重"给渡走了。
你可能会说"我最不喜欢不讲道理的人了",然后你每次
跟别人讲道理,别人却不讲道理,你再跟他讲道理,他还是
不讲道理。接二连三,最后你也成了一个不讲道理的人。不
知不觉间,我们变成了自己最讨厌的人。多么危险的一件事
情啊!

第二十五节

请你活出高维生命的样子来

不要乱给别人贴标签。我们都不是完人，都走在人生之路上。如果有人表现出某种不好的品质，请你包容、宽恕他，因为你在某些情况下也可能会表现出这些品质。

一个只有十厘米的台阶也可能把你绊倒。人生路上有很多坎，不是不高就不会绊倒你。你跌倒是因为你不注意，或者是因为你没遇到那个坎。

你也会一时失神，那你能不能接受别人一时失神？请你活出高维生命的样子来。高维的人可以包容低维的人。一个无法包容别人的人还处在低维的生命阶段。如果别人有什么关过不去，你也卡住了，那你和他同样处在低维的生命阶段。

第二十六节

为了你，他们选择继续撑下去，
  继续走下去

很多为人父母的人其实没什么耐心。再没耐心，他们也会继续抚养孩子。我上课的时候身体会抖，但是再怎么抖，我还是要讲下去。抖的背后是什么？只是紧张吗？不是的，这背后还有责任、承担、爱、慈悲……

为什么即使父母没有耐心，没有太大的责任心，他们也一如既往地照顾孩子？一直到你长大，他们还是没有耐心，可是他们撑了好久，不是吗？他们就是那种没耐心的人，但是他们为了你，可以承担一切，选择继续撑下去，继续走下来，是不是很不简单、很伟大？

第二十七节

把一个假货当作标准去检验其他货品，会不会把真货也变成假货？

很多人都把自以为是的道理当成真理，可是理性地想一想，你的想法不一定是真理。既然这样，那你为什么强烈要求别人认同你的想法呢？你都知道你的想法不是真理了，不是吗？我也知道我的想法不是真理，所以我从来不去要求别人按我的想法行事。

世界不是非黑即白的，所以坚持"不是黑就是白"本身就违反真理。可是很多人坚持认为世界不是黑就是白。这种人是在用一个不是真理的标准，也就是用一个假的标准衡量世界。

把一个假货当作标准去检验各种货品，你会不会把真货

也当作假货？假设我拿一个假的爱马仕包当作标准，去检验
七个真包，三个假包，那么我会不会把那三个假的当作真的
拿回来，然后把真的给丢掉？

第二十八节

用"看到自己的不真和不足" 这座桥梁，从肚量进入心量

你用一根管子去衡量天，是无法了解天的，正所谓以管窥天。自以为是的认知就好比一根管子，让你无法得知全部真相。

如果你同意我的说法，那么我想你很快就会觉察到自以为是的认知，然后慢慢变得不再自以为是，开始接受、包容跟你有不一样想法的人。你知道自己不是真理的化身，所以你可以放下自己的执念。

我们要从肚量进入心量。那我用的是什么桥梁呢？对自己不真、不足的认知。我用"看到自己的不真、不足"这座桥梁，放下自己的执念，接受、包容跟我不一样的人。我透

过这座桥梁，了解自己的不足、不完整，了解自己的局限。

正是有了这种了解，我才能放下自以为是的标准。我放下自以为是的标准，因此我能够打开自己的肚量，进入比较宽广的心量。我通过这个维度来成长。

从肚量进入心量是一种成长。放下本身也是一种成长。

第二十九节

没有冲突你就是个完人了

我们的思维是有局限的，因此我们看到的并不是事物的全貌。我们以自己的标准来衡量事物，但是别人也有他自己的衡量标准。当你的标准和别人的标准不一样时，会如何呢？答案是发生冲突。

我们常常跟别人发生冲突，从小到大都在发生冲突。别人可能不符合你的期待，但你也未必是别人期待的那个样子。你期待对方，对方也在期待你。对方不符合你的要求，你也未必符合对方的要求。

我们还会和自己对抗、发生冲突，比如你会希望自己不要老，要永葆青春，但是你一定会老、会死。生老病死是人之常情，所以你对抗的不只是自己，你还在跟真理对抗。

　　只有圣人才不会陷入冲突当中。如果没有冲突，那你也可以说是个完人了。可是我们现在动不动就跟人家起冲突，不是吗？不妨思考一下，你会与之发生冲突的范围在变大还是在缩小。如果这个范围正在缩小，那么你已经开始完善自己了。

第三十节

最好的陪伴

慈悲，不是帮别人做事。真正对他有帮助的是让他懂得自助。如果他能懂得自助，那么当他遇到不如意的事情时，就能泰然处之，从容应对。

如果当他遇到事情时，你对他说"我来给你善后，我来陪伴你"，那么之后每当他遇到事情时，他就会找你，你帮不完的。只有他懂得自助，他才会拿自己有办法。因此，最好的陪伴就是让他懂得自助，学会如何"接得住、转得了、化得掉、放得下"，懂得照顾好自己。这样发展下去，有一天他甚至可以照顾别人，对别人有帮助，成为别人的好环境，成为社会的好环境。这是我以为的助人心法。

在陪伴孩子方面，这个道理同样适用。作为父母，我们不能让孩子依赖我们一辈子，而要让他学会自立，学会自助。

第三十一节

你要对环境有一种更深的体悟，才能 通过营造环境来陪伴别人

陪伴别人不一定要讲话。当他很悲伤的时候，你最好不要说话，给他一个拥抱，牵着他的手，陪他坐一会儿。这是一种更高层次的陪伴，超越语言文字这个层次，达到了"此时无声胜有声"的境界。如果你对他说"不要伤心，看开一点"，那么可能他会更加伤心。他需要的是生命的陪伴，不是语言的关怀。生命跟生命是在一起的，能量是可以传递的，而语言文字的力量则较弱。当你握着对方的手陪伴对方时，你便营造了一个接纳、陪伴的环境。在那个环境里，对方感到被包容、被接纳、有人在身旁，这胜过语言的表达。

第三十二节

你尊重别人吗？

　　和你一样，别人也是自己的主人。那你是否认为别人可以做主呢？以自我提升为例，有的人觉得自己可以去上课，但是伴侣要去上课，他却觉得不行。但是为什么你可以，人家就不行呢？你想活出最辉煌的生命版本，你的另一半难道就不想吗？你可以如何如何，对方却不准乱跑，必须待在家里，这样是不对的。这是很普遍的现象。我们都想当自己的主人，却没有办法认可别人也可以当他自己的主人。人都想过好一生，为什么你可以过自己想要的人生，对方却不能过他想要的人生呢？

　　我们缺少一种文明的态度。你可能学了很多，知道很多，自以为很有能力，很有见识，于是试图掌控别人。但你承认别人也是他自己的主人吗？

　　什么是真正的文明呢？我认为是由内而外的文明。外在的文明一般都是从内在的文明开始的。没有内在的文明，真正的文明无从谈起。显而易见，尊重别人就是一种真正的文明。

第二章

陪伴彼此成长

第三十三节

我最怕的是有人打着道德的旗号
  做缺德的事

无法让别人有做主的空间、自由的空间，你绝对称不上是一个文明人。用一个很权威的道理要求别人、控制别人，这也很不文明。你只能和别人分享自己的观点，而不是强求别人怎样做。拿一个自以为是的道德标准去衡量别人，这是一件多么不道德的事情啊！如果你不觉得自己这样做不道德，那真是"缺德"啊！

我最怕的是有人打着道德的旗号做缺德的事。不是说不能讲道德，而是说道德要建立在内在文明的基础之上。否则你的道德就只是你自以为是的道德，只是你自以为是的标准而已。

第三十四节

关心而不掌控，分享而不强求

关心别人也是一种内在文明的表现。但是这种关心一旦过度就会变成掌控。这种现象很普遍。关心别人是可以的，但要把握度。

此外，不要把自己的喜好强加给别人，认为别人肯定会喜欢。但是和别人分享是可以的。要求别人一定要怎样，比如跟别人说"早上一定要吃粥，胃才比较好""吃粥要配豆腐乳，这是我们家祖传三代的吃法"，这是不可取的。

你可以分享你的喜好，分享你的心得，但一定不要用这些东西去"套"别人。尊重别人，分享而不是强求，也是一种内在文明。内在文明有很多面向，你可以慢慢去探索什么样的生命特质、内心观念是内在文明的表现，并问问自己是否有这类表现。内在文明了，才有文明的态度、文明的人生。

第三十五节

单纯地去感受对方的温度、
感性、幽默

我记得有这样一个笑话：一只兔子掉进了一个深坑里，然后叫地上的猪："猪，把绳子丢下来。"猪就把整捆的绳子丢下去了。兔子说："你怎么那么笨啊，你要先握住绳子的另外一边，然后再把绳子丢下来啊！"于是猪就跳进坑里，然后握住了绳子。

如果你是那只兔子，你会怎么办？或许你可以抱着它，说："我太爱你了，我们同归于尽吧。"这时候你生气也没用，所以只好爱它了，爱它的傻气。

还有一个故事：一个大概八十岁的老妇人已经开始出现老年痴呆的症状了，有时候连儿子的名字都叫不出来，甚至不知道那是她的儿子。这个儿子六十几岁了，有一天回家后，老妇人对他说："你吃饭了没？我煮饭给你吃。"她突然回到了以前正常的状态。她忘记了一切，却从来没有忘记对儿子的爱。这时候，儿子不应该分析、判断，跟妈妈说"妈，你会不会把盐跟糖弄错？""妈，你会不会忘记关煤气炉？"。儿子只需要感受当下妈妈对他的爱。

通常情况下，我们在这方面的觉知太少了，这让我们的生命缺少了温度、感性、幽默。

第三十六节
无法接受不同是不太文明的表现

如果你知道一个人属于食人族，应该不会冒险跟对方互动吧？如果宇宙有外星人存在，我想他们也不太敢跟我们互动，因为他们可能会觉得我们十分野蛮。可是我们人类会觉得人类社会已经达到了一个文明发展的高度。

很多人无法强大到可以接受另外一种生命体的存在。我举个例子，假如你旁边有看不见的生命体存在，你会不会胆战心惊？一般来说会的。你会很恐慌，还可能会疯掉。

我想说的是，有时候我们的既定思维模式限制了我们的认知，让我们无法接受不同，让我们处在一种不文明的状态。在我看来，你能够接受不同，就是一种文明的表现；不能接受不同，就是一种不文明的表现。最后，就文明而论，如果要讨论"什么叫文明"，那么我们可以从反面入手，首先说明什么叫不文明。

第三十七节

闻过则喜

我觉得当你遇到自己认知之外的事物时，你可以换个角度思考问题，把这当作一次成长的机会。就像儒家讲的"闻过则喜"。当有人点出你的问题、你的过错时，你要感到快乐，对对方说"原来我有这个问题啊，谢谢你告诉我，谢谢你提醒我"。如果你很生气地对对方说"你怎么敢这么说我？"，那么下次他肯定不会再指出你的过错。如果你对每个人都是这种态度，那么久而久之，没有人敢指正你，你将失去被提点的空间。

总而言之，当别人指出你的错误时，正确的态度是："对不起！谢谢你！我好像都没有注意到这一点，很感谢你告诉我。如果我下次再犯同样的错误，要记得马上提醒我一下。"对方听你这样说后，他会自愿成为你的监督人。不用花一分钱就找到一个帮助你提升自我的人，多好！

第三十八节

另一种维度的教育——润物细无声

生命陪伴生命，生命教育生命，生命影响生命。有一种人喜欢用填鸭的方式教导别人。另一种人则润物细无声。谈话之间，你就已经不一样了。我想说的是，直接要求别人按你的要求行事，是一种粗糙的教育方式。更可取的是一种润物细无声的教育方式。对方在不知不觉间就变好了。

如果下雨了，父母会和你说出门带伞；如果天气冷了，父母会和你说出门多穿衣服。但是你是不是会觉得父母很啰唆？大自然是怎么教育我们的呢？大自然从不会说话，它只会让你自己体悟。反正你冷了，感冒了，下次就会多穿衣服，也不会抱怨大自然。它用静默的方式告诉你要穿衣服，要带雨伞。

教育分两种，一种是我们主动教育自己，一种是我们被别人教育。我只是想告诉大家，我们在陪伴他人的时候，要用一种更高维的方式，不要太过强硬。

第三十九节

把要表达的东西 "纳米化"

你吃苹果应该不会一口吞下，你会咀嚼。咀嚼得越细，越容易消化。东西到了胃部之后被分解，在小肠被吸收。如果你都不咀嚼，只是简单地咬几下，你会发现很多东西都吸收不了。

在我小时候，我妈妈会磨珍珠粉美白。可是那时候磨的粉不够细，擦脸的时候都卡在脸上，吸收不了。所以擦完的瞬间看起来挺白的，过一会儿就掉粉了。可是纳米化之后的珍珠粉末非常细，涂一下就吸收了。现在很多外敷的药品都要进行纳米化，也是同样的道理。

我们现在的裤子都有针脚。如果我们去草地遇到鬼针草，那么我们的裤子就很容易被勾住。如果我们用纳米技术把裤子织得非常细，那么鬼针草将根本勾不住我们的裤子。假如你在说话的时候也运用纳米化的智慧，那么别人一听就能明白你在说什么。

总之，我们在表达自己的时候要善用纳米化的智慧。你有多明白，就可以讲得多清楚。

第四十节
无边的可能性

我们都知道二加三等于五。但是当我们加上含义之后，就有很多可能性了。如果你这个月赚五万，然后被骗了三万，那么这个月只净赚两万。这么一听，你会很纠结吧？因为我在叙述的过程中，强调的是你赚了五万。所以我们不能简单地理解五减三等于二。

看过《哆啦A梦》的人都知道，大雄总是被胖虎欺负。有一天老师问大雄："大雄，如果你有九十元，再去跟胖虎借十元，你总共有多少钱？"大雄说："零元。"老师说："你到底懂不懂数学？"大雄说："老师，你不了解胖虎。"老师看到的是九十加十等于一百。可是他不知道，九十元后面是大雄，十元后面是胖虎，他们是人。人不完全遵循数学原理。如果老师问大雄："为什么等于零呢？"大雄的回答想必是："只要胖虎知道我有九十元，他就会连我的九十元都借走，最后自然只有零元。"

你会发现，我们是在一种中性原则之下理解加减乘除的。可是，当你赋予加减乘除含义时，它就会有无尽的可能性。这是你很难预测的。

第四十一节

找回本性来监督我们的人性

　　大雄天天被霸凌，久而久之也会生出智慧来。他知道胖虎很喜欢唱歌给人听，于是他安排几个小朋友帮胖虎开一场个人演唱会。在演唱会结束之后，胖虎情绪很好，大雄也不告诉他自己有九十块，只跟胖虎说："胖虎啊，我最近想买一个东西，还缺十块，能不能借我十块？"胖虎说："兄弟，没问题啦，十块借给你。"如此，九十加十等于一百在大雄这里依然成立。

　　大雄懂人性，又有知识，所以照样可以让九十加十等于一百。这种人在社会上很容易成功。但是，因为他懂人性，就会容易滥用人性，这是要注意的地方。这时候我们要找回我们的本性。我们要善用知识，善用人性，用我们的良心、良知来监督我们自己。

第四十二节

把能量转移到生命成长上来

我有个学生来上我的课时才三十一岁，天天喝咖啡等死。现在他已经三十六岁了，一转眼五年了。他帮助过很多人，陪伴很多人从逆境中走出来。他的口才不是很好，可是心志远大，而且一直保持单纯。他想要做一点对人有帮助的事情，就先从他周围可以帮助的人开始帮助。他在家乡泰顺成立了翁山书院，帮助家乡的孩子学习、提升。他还结交了很多文艺界的伙伴。他不缺钱，但是身上却没有铜钱味，这是一门艺术。

很多人对我在四十五岁退休这件事感到很讶异。四十五岁难道不是战斗指数很高的年纪吗？难道不应该是大干一场、大赚一笔的时候吗？那怎么在四十五岁就退休了呢？我的家人也不敢问我。每个人都在暗地里寻思："他到底发生了什么事？"连我抱我小舅子的孩子时，我小姨子都跟我小舅子说："敢让他抱你孩子，不怕以后跟他一样啊？"

我是个很胆小的人，没有一定的保障，不敢走出来。可是我又不能跟别人说"老子有钱"，免得对方跟我借钱。如果一个人正常工作到六十五岁时积累的财产还不到我的一半，我为什么要跟他一样工作到六十五岁？可能有人会说我们应该多赚一点，赚到不能再赚为止。但是我不这样想。我想改编我的人生剧本，去做对他人有益的事，去做有利于生命成长的事。

第四十三节

从对方的角度考虑

　　　因病予药，就是说要给对方实际需要的，从对方的角度看问题。有一次，我在我三哥那边泡茶聊天。他家对面住的我二哥。我二嫂听说我来了，就跑过来对我说："黄国峰，我跟你说啊，你二哥在教孩子数学，教到最后拍桌子，很生气啊！"我看了一下，就知道问题出在哪里了。那时候，我的侄子读小学四年级，我二哥用的是教六年级孩子的方法。那代表什么呢？他没有陪孩子成长。他用教六年级孩子的方法来教四年级的孩子，所以小孩子一头雾水。他不是从孩子的角度讲的，而是从自己的角度讲的。

　　日本教育部出版的一本书叫《数典》，讲的是从小学一年级到初中三年级，学校每一年要教给孩子哪些数学知识，教完什么才能再教什么。这就是一个循序渐进的道理。我可以从小一教到高一，也是遵循这个道理的缘故。如果发现学生什么知识点不会，我就会回到那个知识点，帮助他掌握知识点，再来教他新的知识。有时候我看经典著作，看到后面的时候发现看不懂，我就会回过头来找哪个点没有理解。理解了那个点之后，我就可以继续阅读接下来的内容了。

第四十四节

如何让我点化你、打通你？

有时候没有互动，很难把一个人打通。有时候我知道你的问题在哪里，但是你上完课就走了，或者和我互动不够密切，我也没有机会指出你的问题，帮助你改正。

以前流行关门弟子一说。老师要点化你，打也要把你打通。以前拜师会有一套仪式，学生会发誓许愿，这是为什么？因为这样的话，学生就打不跑、骂不走啊！当学生受不了苦、受不了气想走的时候，他就会想起自己发下的誓言。如果放到现在社会，你给学生一个坏脸色，明天他就不来了。学生说不得、打不得、骂不得。现在这个年代，当老师不容易啊，更要用心。

第四十五节
遇到才知道

人们常常活在惯性当中。有一只毒蝎子要过河，就找了猴子商量："猴子猴子，你背我过河好不好？"猴子说："我傻啊？背你过河？万一你在河中间把我给刺了，我死了怎么办？"毒蝎子说："你傻啊，我把你刺了，你死了我也活不了啊！"乍听之下，是不是很有道理？于是猴子说："上来吧，背你过河。"猴子游到一半的时候，毒蝎子刺了猴子。猴子说："怎么可能？"毒蝎子说："没办法，这是我的惯性啊！"毒蝎子"啾"的一声就把尾巴插下去了，这是它的惯性。你有没有发现，自己平常可能还挺理性的，还会讲道理，但是在遇到某些事情的时候，惯性马上就出来了？遇到才知道自己活在惯性里。

　　我们听了很多道理，懂得很多道理，也能够讲得很清楚，但是遇到事情不一定能活出道理来。你如何把这个道理活出来？知行合一。只有不断地躬行，才能觉知此事。

第四十六节
改变惯性

我们都有脾气，有个性。你在遇到事情的时候，你的习惯、个性、毛病会暴露出来。你需要把不好的地方修通，否则你在遇到同样的事情时，还会重蹈覆辙，以相同的方式反应。

动物的习性很难改。人优于动物的地方就在于人会反省、会修正、会改变。人既可以养成一个习惯，也可以改变一个习惯。我有的学生在上课之前很阳刚、很暴躁、很腹黑。慢慢地，他变得阳光起来，人越来越温和，越来越体贴。以前他不可能做的事情，也开始做了。关键就在于他意识到自己的不足，并且善于利用环境，获得改变。

第四十七节

助人要有智慧

　　有一个修行人坐在河边看经书。这时他突然看到一只毒蝎子掉到水里了。他想赶快用手把它抓起来。在抓的那一刹那，他被蜇了一下。他对毒蝎子说："哎呀，救你还被你蜇一下！"然后他继续读他的经书："无上甚深微妙法，应无所住而生其心……"一眨眼工夫，毒蝎子又掉下去了，于是修行人又把它抓起来，然后又被蜇了一下。他说："众生无明啊！救你还被你蜇？哎呀，好好待在岸上吧！"然后他继续看他的经书，看着看着，毒蝎子又掉下去了。正要出手去捞毒蝎子的时候，旁边有一个渔夫说："你明知道它会蜇你，还用手去把它捞起来？"他说："毒蝎子蜇我，是它的生物本能，是它的惯性。我救它是我的惯性。"
他转身又要用手去抓毒蝎子。渔夫就拿了一个树枝给他：
"用这个吧！"这个故事告诉我们，助人也要有智慧。

第四十八节

为了你们的生命状态变得更好，
我怎样都可以！

　　有一次我的一个学生要来上课，然后打电话跟他妈妈说。他妈妈问他："要多少钱？"他说："不用钱。"他妈妈问他："那要什么？"他说："要我的命，要我的生命状态变得更好。"

　　有时候，人要达到无我境界，才能有无边的可能性。当你很自我的时候，他就只能这样，不能那样。当你越来越无我的时候，你才能够成为任何人。你可以很庄严，也可以很活泼。面对达官显贵，你可以跟他讲生意经；看到抱着孩子的妈妈，你可以跟她讲妈妈经；面对青少年，你可以像孩子一样跟他互动；面对老年人，你可以和他感同身受，历数生命历程。

第四十九节

打开心量，活化人生

我喜欢待在家里。我的故乡在中国台湾，每次回去后
会有一个半月的休息时间。如果没有人来找我，我是不出门
的。我连食物都不用准备，因为我的家人、朋友会送过来，
怕我饿死。我的冰箱里面都是冷冻食品。我基本上不跟别人
互动，以前是一个心胸狭隘的人。自从走出来之后，我受到
很多人的关怀、照顾，心胸慢慢变开阔了。是我的学生教会
了我如何为人处事。他们教会了我很多道理。他们教会了
我如何当好学生和老师。他们教会了我太多东西，所以谁
在教育谁，还真不一定！我们都是教学相长，彼此学习成
长而已。有时候我们自己会教育自己，但那个门槛不一定
越得过。这时候我们必须接受他人的教育，才能越过那个

门槛。

　　我们都是平凡人，互相通过对方来教育自己。我认为，是生命教育生命，生命陪伴生命，生命影响生命。做好自己很重要，这样你才可以影响别人，带给别人正能量。

第五十节

每个人都做好自己，很重要

细菌在我们身上，我们就是它们的宇宙，但它们根本不知道我们是生命体。它们是非常简单的存在，运作方式很简单。它们不知道宇宙外面还有宇宙。但一个细菌可能会影响我们的整个生命体。

对于整个宇宙来说，我们就像细菌。我们不知道整个宇宙是个生命体，宇宙外还有宇宙。即使这样，我们这样的细菌也可能会让宇宙崩坏。我的意思是，我们每一个人都很重要。

每一个人都做好自己，很重要。在一个家庭中，你把自己做好，就是你对这个家庭最好的支持。在一个团队里，你把自己做好，就是你对这个团队最好的支持。在这个社会中，你把自己做好，就是你对这个社会最大的支持。

第五十一节

陪伴的艺术

我们通常认为只有人才能陪伴人，但是细想一下，我们其实曾经被很多生物陪伴过，比如你的宠物。当你孤独、难过的时候，你的宠物狗跑来跑去，是不是会觉得没有那么孤独、难过了？想象一下，你在一个完全被隔离的监狱，平常除了狱警，没有任何人和任何生物可以接触，有一天突然有只蟑螂走过去，你应该不会把它打死吧？因为终于有生物闯进你的世界了。你可以跟它聊天："近况如何？你家人还好吗？"在你极度孤独的时候，你会发现，连一只虫子都能陪伴你。

陪伴你的未必是生物，也可以是无生命的东西，比如灯光、水、枕头。你会发现，天地一直在陪伴我们，以一种润

物细无声的方式。如果你在夜晚的时候仰望整个天空，你会

发现星星眨眼，你可能会想人生为何而来，这不也是一种陪

伴吗？

第五十二节

你的存在就是一种陪伴

相处时间久了，即便是家人，也可能没有什么话聊了。但是，对方的存在本身就是一种陪伴。早上我老婆要出门的时候，她会和我说："上班了。"我会回她："哦。"晚上我在用电脑，快十一点多了她才回来。她会和我说："我回来了。"我依旧是那句"哦"。我一天就和她说两个"哦"字，可是她的存在本身让我觉得自己不是一个人。这就是一种陪伴。

谁说陪伴就是天天聊来聊去？别看我们一天只说两个"哦"字，但是我们不会吵架。很多人会认为陪伴别人一定要嘘寒问暖，但是我认为存在就是一种陪伴。如果你能感受到对方存在的价值，你就会感到被对方陪伴了。如果你没有

感受到这种陪伴的价值，你就可能怨气冲天，觉得对方不应
该只说一个"哦"字。

我曾经有一次在浴室里晕倒了十五分钟，喊也喊不出
来，也不知道身处哪里，感到很虚弱，特别渴望有人在旁
边。当有人陪在我身旁时，我就会感到安心。人是群居生
物，绝大部分动物也是群居动物。即使狮子、老虎那么强
大，也会和同类一起生活。

你想想看，假如你是小王子，在整个星球上只有你一个
人，你会不会很希望有另外一个生命存在？他人的存在有时
候就是一种陪伴。

第五十三节

增加内在的正能量，谱写美好的人生剧本

　　我大概一年回台湾三次，一次大概回去一个多月，基本上有三个星期都在外面上课。这样在外面到处跑，跑到最后，有时候回到家会忘记住几楼，按电梯的时候会迟疑一下。有时候我真的很担心回家之后门打不开。有一次，我在门外按门铃，有人开门，问我找谁。我心想我的老婆不会把房子给卖了吧！后来我才知道我走到了八楼，而我家住九楼。我的楼梯卡只能刷九楼，不能刷八楼，但是当时刚好有住在八楼的人按电梯，我以为到了，就走出去了，导致误会一场。我还真的以为我想象中的事情发生了。

　　每个人的人生剧本都不一样。你可能在某个时间陷入悲剧当中。我希望你不要让一时的悲剧变成连续剧，一集一集

地演下去都是悲剧，更不要把别人拉到你的剧本里去，一起演悲剧。我们要获得更改人生剧本的能力，增加自己的正能量，给予别人正能量。我们要跟有正能量的人来往，提升内在的能量，让人生的下一集是美好的剧集。很多人并不觉得自己落入了悲剧当中。无论他们跟谁相处，一开始好像上演的是喜剧，接下来就变成闹剧，再后来变成悲剧，然后一集一集演下去，以悲剧结束，以分手结束，以吵闹结束。他们很少会思考怎么在当下改变自己的可能性。

第五十四节

爱一个人的境界

　　爱一个人有不同的境界。爱一个人，除了知道他喜欢吃什么以外，还要知道他喜欢聊什么。人喜欢跟一个人在一起主要是因为和对方有话聊，聊得来。你和一个很漂亮的女生或者很帅气的男生在一起没话聊，就会很尴尬。知道对方喜欢什么，喜欢聊什么，他的精神层次是什么，他的认知模式是什么，这都是爱。你能够给对方空间也是一种爱。爱一个人不是说要不离不弃，天天待在一起。有一个女孩子和男朋友说："你不要离开我。"对方回她："我上洗手间。"女孩子说："没关系，我在外面帮你看着。"这种爱的境界太低了，没有给对方任何空间。再比如一个男孩子对一个女孩子说："事情就是这样，你要听我的，因为我真的爱你，我

不会害你。"打着爱人的名义给对方提各种要求，这种爱的
境界也不高。

　　父母可能会和孩子说："你不要去读理科，就去读文
科，以后怎样没关系，我们养你一辈子。我们真的为你想很
久了。"但是孩子有自己的想法，他可能想读文科，也可能
想读理科。父母不考虑孩子的兴趣、想法，同样没有给孩子
足够的成长空间。这种爱的境界同样有待提高。

第五十五节

如何看待事业?

如果企业做一些有意义的事情，就可以成为社会上的良心企业。企业就是想倒闭，社会都不让它倒闭，因为它对社会太有帮助了，太有价值了!

在某个地方有一个小工厂，生产巧克力。这个工厂办了很多次义卖活动。活动赚来的钱就用来帮助生活困难的单亲家庭。可是每一次办活动，工厂都亏，亏到最后，公司要倒闭了，于是办了最后一次活动。负责人对外宣称："这是我们最后一次办活动了，我们公司撑不下去，要解散了。"但人们都不让这家工厂倒闭，纷纷去买工厂的产品。因为工厂为社会做出了很大贡献，所以人们不让它倒闭。人心才是最大的保障。

第五十六节
走脑与走心

　　你去饭店吃饭，觉得某个菜好吃，于是你又叫了一份打包，拿回去给伴侣吃。这便是走心。你回去告诉伴侣街口有一个饭店的某道菜很好吃，这叫走脑。

　　在泡茶的时候，假如你说某种茶很好喝，是哪一座山上采的，制作工艺如何，这是走脑。如果你跟对方说等下回去请带一小包茶回去品尝，这叫走心。

　　你和对方肚子都饿，但是你把眼前的大面包给了对方，小面包留给了自己，这叫走心。如果你把两个面包一切两半，一人一半，这叫走脑。

　　明明自己也有点冷，但是你拿了一条围巾，对上课的老师说："老师，有点冷，赶快披上。"这叫走心。你还可以说："来来来，老师，一起披吧！这样你也不冷，我也不冷。"

学生上课打瞌睡，你吼他："起来，马上讲完啦！"这是走脑。如果他已经注意力涣散了，你对他说："好吧，你早点睡吧，明天再听讲吧！"这叫走心。

其实在很多情况下你也走心，只是没有觉察。你不可能不走心，因为你不是机器人。只要是人，基本上都会走心，区别只在于明显不明显，或者你有没有觉察到。

第五十七节
民胞物与

一般我们只会对和我们相似的人好。但是，难道我们不能对动物好吗？难道我们不能对地球上的其他生物好吗？当你变得更好的时候，你会民胞物与，会善待这个地球。

当你变好的时候，你不仅会善待你的家人，你还会善待你的小狗、小猫。你不好的时候，对父母不客气，对小狗也不客气，对走过去的蚂蚁也不客气。当你变好的时候，你会对一切生物带有一份尊重，会善用资源，不会滥用资源，不会破坏环境。

当你认识到资源的稀缺性时，你甚至会对物件、工具产生感恩之心。比如你在一个不能二十四小时供电的小岛上生活，你会感恩给你带来光明的电灯。

当你在不断成长的时候，你就会慢慢懂得珍惜一切人、事、物。以前你可能只会珍惜那些对你有帮助、对你有好处的人，但是成长后的你，即便遇到门卫、清洁工，都会向对方表示尊重。所以说，生命状态变好，民胞物与，不是一件很好的事情吗？

第五十八节

先了解，再随顺

对于电影《阿凡达》里的飞龙，人们是先了解它的兽性再降伏它，而没有把它屠杀了，把它挂在墙壁上。同样的道理，如果你顺着小狗的毛摸它，它会很舒服。相反，如果你逆着它的毛摸它，它会回过头来咬你。无论与人相处还是与动物相处，我们都要先了解对方，再决定如何与之相处。

和父母相处时，我们应该看到父母的个性，不要和他们对抗，觉得只有自己才有道理。如果你回家炒了一盘硬硬的青菜要妈妈吃，对妈妈说这样营养才不会流失，那么妈妈只会越来越瘦，因为她的牙齿咬不动。坚持自己的道理，妈妈就被饿死。无法吃下去，再好的东西都没有用。流失那么一点点营养又有什么关系呢？她吃得进去最重要啊！如果她可以吃十分之五，那么即使流失十分之一，不也补回来了吗？
在你非要妈妈吃硬硬的青菜这个过程中，你们的亲子关系会
恶化。妈妈会想："你煮的是你自己想吃的，而不是煮给我
吃的。你喜欢吃清脆的，却不知道老人家牙齿咬不动了。"
美其名曰孝顺，其实是"孝逆"。

第五十九节
拿自己有办法

　　我们越了解自己，就越能用得了自己，越用越了解，越了解越能用。有时候我们感觉别人很厉害，其实对方只是会妙用自己而已。有些人玩魔方会把眼睛蒙起来，我觉得很厉害啊！我自己眼睛睁开都玩不好，他竟然可以看一眼，然后眼睛蒙起来就能拧对，太厉害了！道理其实很简单，他懂得其中的逻辑，然后妙用它而已。他能够拿自己的思维有办法。

　　如果我能够了解自己，我就可以了解别人，因为人性是相通的。能够降伏得了自己，就可以引导别人如何降伏自己。拿自己有办法之后，就可以引导别人如何拿自己有办法。

第六十节

如果你想让对方活得更好，请创造空间

当我们在某个领域很拔尖的时候，我们不要一直在那里，而是要让出空间来，让别人有机会拔尖。当他有能力的时候，让他在同样的舞台上发光发热。你要去新的舞台、新的领域，不要一辈子老死在同一个空间，不要占住一个位置，死了才给别人机会上来。活着的时候能够谦让和传承，这叫作德性。死了之后自然让位，这叫作继承。

我们的胸襟应该大到让朋友、家人都有空间成长。你可以给出空间让他们活出他们自己的人生，而不是让他们活出你期待他们活出的人生。当你懂得把空间变大后，问题就会变小。当你放大别人的优点后，别人的缺点就无足挂齿了。

如果你无法找到别人的优点，一直看向别人的缺点，那么你就会把让对方成长的空间挤压掉。如果你想让对方活得更好，请创造空间，找出对方更多的优点，让他的缺点有存在的空间。

第六十一节
善用第一印象

　　小鸭刚开始孵化出来后，会把看到的第一个对象当作妈妈。在一间教室里，我们会把看到的第一个站在讲台上的人当作老师，而实际上他可能是，也可能不是。在一个产品说明会上，人们会把拿着麦克风的人看作权威。无论对谁，我们都会有第一印象。如果你给别人的第一印象不好，那么要转变这种印象可能需要很长时间。

　　一个真实的故事是：有个上班族和老婆感情不是很好，常常和女同事抱怨老婆，女同事会很体贴地开导他。他觉得怎么有那么好的女人啊！他自己的老婆与她比起来根本就是黄脸婆啊！过了一段时间，他想去找那个女同事，给她一个惊喜。他去敲门的时候，听到房间里有打骂孩子的声音。忽然间门开了，他看到那个女同事穿着围兜，拿着铲子，蓬头垢面的。于是他对女同事的幻想立马破灭了。

　　无论在哪里，我们还是要遵循一定的礼仪，不要大大咧咧的。如果我出去讲课穿着吊带背心和短裤，那么我给人的第一印象估计会很差，以一百分计，可能只有三十分。我讲的课大家都听不进去，效果会很差。总而言之，第一印象很重要，我们要善用第一印象。

第六十二节

感同身受才能帮助他人

一个对别人有帮助的人，在别人遇到苦难的时候，或者感到快乐的时候，都要能够感同身受。感同身受意味着你觉得他就是你，你就是他。试问如果你不能感同身受，不觉得对方苦，你还会帮他吗？除非你用心倾听，感同身受，感受他的酸、他的苦、他的痛，你才能抚慰他的心，否则你说出的话在他听来都是在讲道理。对方听完道理之后，还是很痛啊！他会说："你根本不了解我，我已经那么痛、那么苦、那么酸了，你还和我讲这些，我真是苦啊！"有些人会说："我和你讲了那么多道理，你还是那副样子！"不，不是他一直那副样子，而是你讲道理的时候没有从对方出发，你还固着在那个道理上。

第六十三节
帮助别人也是帮助自己

关注自己的烦恼或许解决不了问题，但关注别人的烦恼，你会知道你的烦恼并不算什么。当你在烦恼下一餐到底要吃什么，中餐还是西餐，和别人一起吃还是自己一个人吃时，你有没有想过，还有很多人没饭吃？当你在想穿什么鞋子和衣服搭配比较好时，你有没有想过有些人没有腿，鞋子都穿不了？有时候想到别人的烦恼，自己的烦恼就不是烦恼了。把心放在别人身上帮助别人，自己的心就不会苦了，帮助别人就把自己给放下了。你有多快把自己放下，就能有多快发生转变。

第六十四节

信任是让人安心的力量

中国台湾的711便利店是二十四小时营业的，营业期间灯火通明，不会昏暗，因为光线越昏暗越容易引发犯罪。店内外通明，前面停车的地方也亮，小孩子和妇人过去有安全感。很多人会跑去那里等朋友。在这种民众对便利店的信任感的基础上，便利店推出了叫车服务。在便利店叫的出租车是和警方合作的。如果小孩放学了，而大人还在上班，那么大人就会让孩子在便利店里等。有些小孩子还会跑去警察局写作业，因为比较安全，还可以吹冷气、喝茶。

信任是社会的基石。可是我们常常不知道到底该信还是不该信某些东西。社会这口大染缸需要放入诚信的元素，让更多人慢慢成为诚信的人。在一个互信的环境中，左邻右舍可以互相照应。比如你出门希望有人可以看一下孩子，就可以拜托邻居。信任是人活在这个世界上让人安心的力量。为什么子女看到父母有安全感？因为信任父母，觉得父母不会害自己。但是你看现在有时候我们想要帮助人，比如扶老太太过马路，人家都不让扶。这个社会需要很大的力量来建立信任。

温州人早期做生意有项宝贵的资产，那就是诚信。人与人之间的信任是一点一滴建立的，破坏也是一点一滴破坏的。如果失信的情况多了，慢慢所有人就都不信任你了。如果守信的情况多了，慢慢所有人就都信任你了。我们是一点一滴、一砖一瓦在建造自己的品牌形象，一言一行都是自己的广告。

第三章

让生命状态变得更好

第六十五节

主动找不喜欢的人，化掉恩怨情仇

　　请你主动去找不喜欢的人，化掉恩怨情仇。你可以请他喝喝茶，吃吃饭，发现他的美好，看到他的优点。当你看到他身上美好的地方时，你会发现他其实没有你想象中那么不好。实际上，你认为的不好，是你自以为是的不好。

　　你不喜欢一个人，其实对方也能感觉到。你请他吃饭，请他喝咖啡，然后慢慢聊，还赞美他，和他互动，忽然间很多恩怨情仇都给化解掉了。你不用等到生命的最后一刻再跟对方说："我跟你去吃最后一餐。"因为那时候可能就来不及了。

　　中国台湾有一个非常有名的人，他在生命的最后想要做一档节目，就是把他过去得罪过的人一一请来，然后跟他们化解恩怨情仇。结果怎么样呢？他并没能做成这档节目，因为他已经躺在医院里了，根本不能动。

第六十六节
有智慧地讲真话

我们如何有智慧地讲真话，讲出对人有帮助的话？有学生问我："老师，不是说要讲真话吗？"我说："对啊，但是要记得对方也是人啊，你总说他哪里不好，他很难接受的。你最好遵循'三好一提点'原则。"

曾经我的学生A对学生B说："我发现每次老师一有课，你总是很积极地报名，很佩服你。老师每次训你的时候，你都听得进去，这也是我欣赏你的地方……但是我发现你改变的速度没有那么快，我也有这个问题。以后我们互相提点好不好？"

学生A的做法就是典型的"三好一提点"，先指出对方的优点，再指出缺点和改进的地方，非常有智慧。如果一开始就讲对方的很多问题，那么可能他就被你吓跑了。所以说，有时候讲真话背后要有智慧。

第六十七节

我的心跟你的心融合在一起

在电影《阿凡达》里，主人公通过一个槽驾驭飞龙，彼此融合在一起。我能感受你，你也能感受我。他们的心连在一起的时候就变成一体了，而不是我要驾驭你，我的大脑要控制你的大脑。

人跟人相处的时候为什么很难融合在一起？因为我们的大脑和意识会不自觉地跟对方的大脑和意识对抗，很少会用心交流。心灵层面的东西一直被我们所忽略，这就是人类用脑过度的后果。用脑没有什么不好，但是你一直用脑，而不走心，就会带来问题。

第六十八节

用欣赏的眼光，看到别人的亮点

为什么有的人会常常跟别人发生冲突？因为他看到的是别人的缺点。当你用一种欣赏的眼光看待别人的时候，你就能看到对方的亮点，你对这个人的印象就会很好。如果你一直注意的是对方的亮点，对方就会在一言一行中放大自己的亮点。假以时日，他的亮点就会盖过他的污点。

有一个年轻人在外面到处惹是生非，一般长辈都会跟他讲："年轻人要懂事啊，不要让父母烦恼了。"但是有一位长辈对这位年轻人说的话却很不一样。他对那个年轻人说："我觉得我蛮佩服你的。"年轻人心想："别人都认为我是小混混，他居然说蛮佩服我的。"但是他还是挺高兴的，于是他对长辈说："叔叔好。"这位长辈接着说："你知道吗？我听说你一听到奶奶生病就马上赶回来，带奶奶去看医生。年轻人像你这么孝顺的不多了哦。我还发现，无论弟弟妹妹有什么事情，你都会把他们照顾得好好的！我很佩服你这样的年轻人啊！"年轻人听了长辈的话，就开始花很多时间去孝顺奶奶，照顾弟妹，成为弟妹的好榜样，也没有时间去闯祸了。

第六十九节
不为人知的真相

　　我曾经看过一场演出。在这场演出进行期间，有个演员在每次讲话之前都会停顿，我还以为他是忘词了。结果演出结束后，我才知道忘词的不是他，而是他的搭档。原来他每次停顿都是有意在给对方争取时间。因为停顿，他的表演看起来并不流畅。他的搭档虽然忘词了，但一开口就很流畅，很自然。我想大部分人和我想的一样。我们很容易误会别人。即使是很有智慧的人，也会误会别人。

　　演出很成功，观众被深深地感动了。然而那位忘词的演员却没有多少感觉，因为他始终处在演出的环境中。这就好比人生，有时候你自己身处矛盾之中，别人却被你在矛盾之中的一言一行、一举一动感动了。

第七十节

用未来的眼光看现在的世界

　　想象一下，未来的世界可能没有干净的水可以喝，没有干净的土地可以耕种，没有干净的空气可以呼吸，那么你现在是不是会更加珍惜水、土壤、空气？用未来的阳光看现在的世界，你会产生全新的感受。你的父母可能现在都健在，但是二十年后他们可能就不在了。这样一想，你是否会更加珍惜现在你与父母相处的时光？用未来看此刻，这就是我要跟你分享的。

　　如果你是一个爸爸，你可能已经习惯了用爸爸的角色陪伴孩子。那么，不妨想象一下你是孩子的妈妈，你会用什么样的方式陪伴孩子呢？妈妈是十月怀胎把孩子生下来的人，对孩子的感情和爸爸对孩子的感情不一样。当你代入了妈妈的角色后，你可能会产生新的感受，对孩子的态度可能会不一样。

想象一下你现在已经八九十岁了，要离开人世了。那么，你会对你的孩子有怎样的期待呢？我想你可能只会希望他快乐、健康，你会放下之前对他的期待，比如读博士，嫁一个好老公或者娶一个好老婆，生几个孩子。

第七十一节

欣赏不同

　　我曾经送女儿去上一个三天的心灵课程，女儿回来后只带回来四张图。我想说我交了三万块的课时费，只得到四个图，太不值。我那时候大概比较物质化吧，所以感受不到别人的境界与自己的境界有什么不同。我问女儿："你有没有做笔记？"女儿说："有啊。"我问："哪里？"女儿指着图说："这里啊。"我说："就四张图，怎么算笔记啦？"

　　我们一般认为做笔记要写字，可是我女儿的笔记是画出来的。她的学校联络簿都是画出来的。我想说，这是什么怪胎啊？她的房间有一个大的玻璃窗，她就在玻璃窗上写字画图，还好擦得掉。

　　因为我不是这样子的，所以我很欣赏她。她可以通过画一些东西，写几个字来呈现自己的想法。她的爸爸，也就是我，对她是欣赏的，从来没有骂她。她的功课很差，最后也留学去了英国学艺术。我学习很好，还出不了国。真是说不清谁比较厉害。她最近还去高空跳伞，我好羡慕。一般父母会觉得，孩子一个人不可以去做这么危险的事情，而我没有这种心态。我对女儿说："你好棒哦！"在我儿子读大三的那个暑假，我问他："放暑假了为什么不回来？"他说："我跟同学几个人要骑摩托车环岛旅行。"我说："我五十几岁了，梦想还没完成，而你读大三就环岛旅行了。骑车小心点哦！"后来他快骑回来的时候，在马路上车坏了，人受伤了。受伤不是很严重，权当作生命的印记。车子坏了，老爸我有钱给他修。这趟生命的旅程是无法被取代的。毕竟人一辈子没有多少机会去环岛旅行。我真羡慕他们啊！人生只有走出来的辉煌，没有等出来的美丽。

第七十二节
无碍便是爱

无碍便是爱。能够给对方空间是一种很伟大的爱。天天跟对方在一起，然后成为他的障碍，让他无法活出自己的人生，那不叫爱，叫障碍。有时候你换个角度去看，你会发现一种不设限、不局限的爱，一种有空间，有空白，可以让对方的自我挥洒自如的爱。你不是对方的财产，你只是你们这段关系的一部分。

怎样看待一个生命？我觉得，你要调整一下你的思维模式。你和你的老婆在一起不是因为一张结婚证书。孩子也不会因为是你生下来的，就变成你的附属，被你绑在身上。我觉得人要因为爱在一起，而不要被关系绑架。这种爱应该是一种没有障碍的爱，而不是一种设限的爱。什么时候你和你的孩子、你的伴侣可以互相关爱而不纠缠在一起？当你学会给对方空间的时候。

第七十三节

他还在

　　如果你是一位年轻人，那么你睡觉的时候肯定最怕有人打呼噜。如果跟我这把年纪的人在一个房间睡的话，你会更惨，因为我这把年纪的人一晚要起夜好几次。你可能会想："这个老头，怎么半夜起来三四次？吵死人了！"这时候，你要带着一份包容之心，要学会包容别人。你要想，至少我还在呼吸。

　　当你一把年纪时，你父母会更老。如果你去陪伴他们睡觉，那么你肯定要忍受他们的打呼声。他们还可能出现一种情况，那就是呼吸中断。我爸爸生病的时候，我去陪他睡，整晚都睡不着，因为他一直在打呼噜，不过我心里想，他还有呼吸就好。到了早上五点，我终于睡着了。结果早上起来，我爸说："整夜都是你打呼，让我睡不着！"真是冤枉啊！我想说的是，当他还能打呼噜的时候，我会很安心，因为他还活着嘛。睡觉时出现呼吸中止会死人的。

我爸爸生前最后三个月是我全程陪着的。不管到哪里，我都陪着他。最后也是我做决定说"爸，我们回家"。我爸爸最后只会喊我的名字。只有我回他"我在"，他才会心安。当他出现幻觉的时候，我会很坚定地对他说："爸，我在！没人敢动你！"我想让他安心。

第七十四节

不计较最公平

　　心智不同，看到的世界也会不同。有时候我们太过理性，太过功利化，不知道怎么陪伴一个人走完这一生。我们需要不断提升自己的生命层次，不要只活在公平的尺度里。

　　我们家有五个兄弟姐妹，四个男的，一个女的。一般家里的父母生病了，孩子之间要讲公平，轮流照顾父母，平摊医药费。这是我们学到的道理。可是这个社会就是很难讲公平，每个人忙碌的程度不一样，每个人的经济状态不一样，每个人的想法也不一样。所以怎样才叫公平呢？依我看，不计较最公平。

　　可是如何让自己不计较呢？你可以改变你的思维模式。谁说我们家五个兄弟姐妹，我就要和别人分摊义务？我可以当自己是独生子女。把自己当独生子女，这样照顾父母就是我的责任。如果我的兄弟姐妹帮忙照顾父母，或者想跟我分摊医药费，我也算赚到了。总之，不要想那么多，心里就过得去了。

第七十五节
生命大法

我没有错过我父亲的最后，却错过了我母亲的最后。我母亲是在常州换肾过世的。那时候我在中国台湾上课，赶不过去，因为我的台胞证和护照都过期了。这是我的悲哀啊！那时候是我刚工作的第一年，还没孝顺母亲，母亲就走了。我的画面还停留在我陪母亲去洗肾。当时下大雨，积水很深。我在想怎么陪母亲去洗肾。后来借助消防车，我才得以把母亲送到医院去洗肾。我觉得还有些安慰，因为那一段时间我陪过母亲。

如果你还有机会陪父母，记得修"生命大法"，少留遗憾。不遗憾才能让身心得以安顿。

第七十六节
服务的意义

以前是客户走向商家，打电话给商家，索要服务，现在是商家走向客户，主动打电话给客户，提供服务。在后一种情况下，客户会觉得原来商家还记得自己，会觉得很窝心。

假设我是开咖啡馆的。如果咖啡机坏掉了，我该怎么办？要停业吗？事实上，完全不必。如果我打电话给咖啡机的客服，他们会先送一台让我用，坏掉的拿回去修，因为一般来说，修好一台机器需要点时间。这就是一种服务、陪伴的态度。

你在陪伴孩子、员工、客户的时候，你是否能以这种态度服务、陪伴呢？服务不是说你有求于我，服务是一种共生、互利关系。你不能用一种居高临下的态度提供服务。很多人服务别人就是这个样子。你可以赋予服务更高的意义。我卖好吃的食物给你，这不只是一种销售行为，还是一种分享行为。我卖宝石给你，不只是在进行一场交易，还是在分享美丽的人生。

第七十七节
学习好并不代表有出息

德国百分之六七十的人是不读大学的，他们会去学一门技术。他们的薪水跟那些读过大学的人的薪水差不多。德国的法律规定，不准教幼儿园以下的小朋友知识道理，否则是违法的。而我们呢？一般是只要孩子开始讲话，就开始教他各种知识。很多父母以孩子"×岁会背××"为荣。很多孩子上学后学习非常厉害，那些当年在学校里是奥数第一名、中考、高考状元的人都很风光，但是现在有出息的又有几个？

我现在越来越欣赏那些读书读不好的人。但是我更加欣赏那些书读得好又愿意改变自我的人。我有一个十分钦佩的学生，她是一个教授，懂很多知识，还可以改变自己、调整自己、放下自己。她可以把自己缩小，让你觉得跟她在一起很自在。总之，学习好不好不是最重要的，最重要的是有不断改变自我的意识。

第七十八节
透过孩子来成长

我们通常会不放心孩子走上一条跟别人不一样的路。当孩子考不好，没有好大学可以读，第二次再考的时候，我们会很担心，担心孩子万一又考不好该怎么办。一般来说我们都是爱面子的人，很怕别人问"你孩子现在怎么样"。不过话说回来，你是爱面子，还是爱孩子？因为我的孩子学习不好，所以我最讨厌那些家里孩子学习很好的父母到处炫耀："我们家孩子功课不太好，读北大而已。这孩子平常不好好读书，但是每次都考第一名。"你叫别人情何以堪？

孩子学习不好，他自己肯定比父母还不舒服，比父母更有压力。因为我上学的时候学习很好，所以在一次家族聚会上，家人就用期待的眼光看着我的儿子，对他说："考上台大没问题吧？"我儿子几斤几两我是知道的。家人这么一说，他的压力肯定会很大。我当时马上拍拍我儿子的肩膀，对他说："无论你考好，还是考坏，爸爸依然爱你！"

后来考试成绩出来了，他没有考好，我没有责备他，想让他再去补习，重考。可是我发现他可能重考也考不好。我不能再说"你考好考坏，我依然爱你"，于是我对儿子说："如果这条路不适合我们，我们再走别的路。"

如果我的孩子不是那种学习不好的状态，我还活不出这种生命的格局。所以无论你的孩子是什么样，你都可以透过他来成长。你好了，有时候他也就变好了。

第七十九节

调整自己，让生命陪伴生命

如果张飞活在这个年代，他就是地痞流氓，早就被关起来了。可是他生活在一个他的生命可以发光发热的地方，于是成了千秋留名的人物。如果你叫他读书，读一辈子他也读不出什么门道来。

你怎么对待你的孩子呢？你想让他把书读好，还是只要他好好活着，活出生命的精彩？我以前常常说，孩子读书读得越多，飞得越远，只回来看你最后一眼。如果这个孩子还有兄弟姐妹，都住在父母附近，可以照顾父母，那么这个孩子也许回来还会抱怨兄弟姐妹："你们怎么照顾父母的？"然后他隔天就坐飞机回去了。所以有时候孩子读书读不好，也很好。

　　我觉得我爱孩子大过爱我的面子，我可以坦然接受他本来的样子，因为那是他真实的人生。我只能陪他去探索这个世界，而不是要求他活在我认为的世界里。生命陪伴生命，这就是一种爱。

第八十节

不要只是独善其身，忘了兼济天下

　　不要只是独善其身，忘了兼济天下。我希望你能成为周围人的好环境。你要从对方的角度考虑事情，要让对方可以靠近你。如果你通过各种途径有所成长，那么请你去分享你的成长。成长不应该是封闭式的。一个封闭式成长的人是无法助人成长的，因为他的心态就是独善其身。

　　不要离群索居，独善其身，忘记融入群体，助人成长。不要只是让自己变好，忘记让周围人都变好。你的成长应该是开放式的，而不是封闭式的。这是我给你的一点建议。

第八十一节

觉察自己对家人的态度

你有没有发现，你的言语和行为在把伴侣往外赶？你希望他爱你、疼你，可是你的言语和行为都在把他往外推。比如说，你的老公做饭给你吃，你却抱怨他每次做饭把灶台弄得很脏。他已经修过水管了，你还是会抱怨他没水管工修得好。但你对外人的态度往往很好，比如说去外面餐馆吃饭、叫人上门维修，你会和服务人员说谢谢。你在无形中把对方往外推，你的言语和行为就好像在对对方说："你走吧，老娘不喜欢你！"你本可以对对方说："你做饭很辛苦，灶台我来整理就好！"有时候你可以去补对方的不足，毕竟没有人是圣人。

我们不要对家人太苛刻。一位妻子夜半时分对丈夫说："外面有声音，你去看看。"丈夫回她："我又不是警察！"到了早上，丈夫对妻子说："老婆你去做早餐。"妻子回丈夫："我是你老婆，又不是厨娘。"

你会发现，家人相处久了之后，互相都会变得没那么客气，很多事情都变得理所应当。但是没有什么事情是理所当然的。我们要时时觉察自己对家人的态度。

第八十二节
让父母安享晚年

　　我们很多人在结婚前会跟父母一起住，结婚以后却想要搬到新家。父母去找你，在你家住两天就想要回老家，这说明什么？说明彼此在一起都不轻松。你能不能让老人跟你在一起的时候是轻松的？他们就剩下最后一段岁月，你是让他们生活得轻松一点，还是战战兢兢地过晚年？这是孩子应该有的智慧吧？你不能让父母住在你的家里感到很不自在，没有属于自己的空间。在电影《流浪地球》里，人类没有了适宜的居住地。父母也一样，今天在老大那边住两个星期，明天到老二那里住两个星期，拿个包包流浪，根本没有一个固定的属于自己的地方，成了"流浪父母"。我们不应该让父母在晚年活得像《流浪星球》中的人类一样。这是我们当子女的该去思考的。

　　以前我们说落地生根，现在我们说落叶随风飘。孩子多了，最后居然无处可居。无论我们是不是独生子女，我们都可以把自己当独生子女看，这样父母才会觉得在你的家里可以安享晚年。我觉得为人子女的应该要从父母那边想过来，去感受他们的想法。否则你真的会遗憾。不要让父母的晚年成为你终身无法弥补的遗憾。

第八十三节

从对方想过来是很重要的修炼

我们希望子女可以为我们着想，但我们却不够为父母着想。我们身上有太多漏洞，既没有觉己的能力，也没有觉他的能力。父母年纪大了，有一些需要是自己无法满足的。我们要尽力满足他们的需要。人都需要得到安顿，都希望安享晚年。作为子女，我们要安顿好父母，让他们安享晚年。

我们要了解、觉察一个长者在生命最后的需要，连穿鞋子你都要为他着想。你们家那么干净，进去都要脱鞋子。在正常情况下，你蹲下去脱鞋子是很自然的。如果你闪过腰，那么下蹲这件事对你来说便是高难度动作。八九十岁的长者去你家，你还要说："那个鞋子要脱哦。"对他来说，下蹲脱鞋子是一个高难度动作。你是不是可以让他不脱？或者你是不是可以找一把椅子让他坐下来，你帮他脱？凡事要从对方那边想过来。既然下蹲脱鞋子是个高难度动作，那其他事情呢？浴室、马桶、牙刷、杯子是不是也要适合老人使用？

　　从对方那边想过来，这是你在人际关系中的重要修炼。地不能太滑、食物不能太硬，晚上要有弱光让他能在上厕所的时候看清路。尤其是当对方从熟悉的环境来到陌生的环境时，你要让他能在晚上醒过来后，知道自己在哪里，厕所在哪里，要给他准备类似感应灯的设备，让他不致心生恐慌。

第八十四节

你是在享受生活还是在辛苦度日？

你想想看，你吃饭有品位吗？你喝茶有品位吗？你多久没有买一束花带回家，美化你的生活了？你多久没有带配偶、孩子、兄弟姐妹去看一场电影了？你多久没有去公园野餐了？

在《红楼梦》一书中，曹雪芹借妙玉之口，道出了喝茶的境界。他认为，"一杯为品，二杯即是解渴的蠢物，三杯便是饮牛饮骡了"。那么，你喝茶又是怎么喝的呢？你有好好品一品一盏茶吗？你有好好品一品自己的人生吗？

我们本应享受生活，但是很多时候，我们却在辛苦度日。我们本应享受工作，但是很多时候我们却为工作所累。我们本应利用金钱创造美好生活，但是很多时候我们却被金钱所奴役。大企业的老板经常会用"人在江湖，身不由己"来形容自己的生命状态，但是企业是他们自己创造的，"江湖"也是他们给自己挖凿的。最后，他们却在其中淹死了自己。你的事业到底是丰富了你的生命，还是变成了生命的枷锁？

第八十五节

每种情绪背后都有一种想法

每种情绪背后都有一种想法。不安是你认为的不安，恐惧是你认为的恐惧，快乐是你认为的快乐，烦恼也是你认为的烦恼。我们最常感到烦恼的是不知道中午吃什么。但是这种烦恼是我们自己认为的烦恼，如果你不认为"不知道中午吃什么"是一种烦恼呢？你还会感到烦恼吗？我想不会。人要学着放自己一条生路。要放过自己的想法。你放过它，它就放过你嘛！

每种情绪背后都有一种想法，想法就是你的执着。如果你不执着于这种想法，这种情绪是不会高涨的。你不放过它，它就不放过你。你要知道怎么放自己一条生路。当你烦恼、恐惧、不安的时候，去看看这些情绪背后让你恐惧、不安、烦恼的想法，然后换个想法，或者放下那个想法，去感受自己的心情。你会发现，突然之间感觉轻松多了。

第八十六节

今天老师教什么？你问了老师什么？

　　中国台湾地区的父母常常会问孩子今天老师教了什么，所以孩子经常要记忆老师教了什么。老师要教给孩子回去可以说出来的东西，有进度、有内容、有作业。每个老师都会布置作业，表明自己很认真负责，有教学生东西。这是中国台湾的教育模式。但是，以色列的父母会问孩子今天问了老师什么问题，有没有去找资料，有没有找同学探讨。事实上，当一个孩子能够发现问题，会去请教老师，会去找答案时，他便有了自我学习的能力。

　　中国台湾地区的孩子在学习方面是推一步，走一步，填鸭式成长，被喂得饱饱的，然后长大了去工作。我们花了太

多时间读幼儿园、小学、初中、高中、大学、硕士、博士，
只为了学习谋生。谋生又是好几十年，最后我们匆匆迎来人
生的毕业典礼。

第八十七节

要让你快乐不容易啊

　　喜、怒、哀、乐背后都有一个想法。这说明什么？连快乐你都有属于自己的定义。这样子才是快乐的，那样子是不快乐的。这把尺以内我都可以接受，这把尺以外我都不接受。这把尺以内都叫合理，这把尺以外都叫不合理。你连快乐都要定义，让你快乐不容易啊！人生不如意事十之八九，这句话就是这样子来的。如意的就只有一二，那一二谁定的？自己界定的不是吗？那如果没这种界定呢？让一切如是呢？

第八十八节

一般人都会放大自己的苦难

　　情侣在谈恋爱之前，看到的都是对方的优点。然后在结婚之后，一方看到另一方的一个黑点，就会无限放大，仿佛对方全身只剩下那一点。难道他身上只有那一点吗？不是的。你已经看不到其他的了。你一直聚焦在他的那一个缺点上。面对某些不喜欢的人，我们也会产生这种倾向。

　　我再举个例子。对方可能只讲了一句话，我把那句话解读为他在批评我。我想一百次，心就揪一百次，想一千次，心就揪一千次。他只轻轻地讲了一次，我的内心重重地被伤了一千次。我无限放大了他的那句话。那么，你有没有放大你的苦难的倾向呢？一般人都会放大自己的苦难。这就是一般人的心智。所以很多人会得抑郁症。很多冤亲债主也是这样子出现的。对方只说了一句话，你就给他贴标签，就跟他不讲话了，不跟他来往了。然后，因为有这样的心态，你开始讲他的坏话，讲他不好的地方。原本不是什么大事，最后惹得到处都是尘埃。

第八十九节

问题还是那些问题，可是心境不同了

其实人生有很多方面，你只要换一个角度看，人生就会不一样。你会发现，原来也可以这样过日子。问题还是那些问题，可是心境不同了。你身边的人会觉得你好像变了一个人，你在面对问题时表现出的态度不一样了。为什么态度不一样？因为你看事情的角度已经不一样了嘛。

人的一生可长可短，且人终有一死。你可以不去关注生命的长短，而去关注生命的意义、价值，不是让生命有时间，而是让时间有意义、有价值。我追求的不是让成功等于有钱，而是让成功等于意义、价值和责任。我不会追求生命的长度，而是会去追求生命的高度。人要活出更高的生命境界。

第九十节

我们一直在变，可是当下都很执着

很多人在跳出自己既有的思维模式后，会觉得原来可以这样看事情，原来可以这样看人生，原来可以这样看婚姻，原来可以这样看家庭，原来可以这样看生命。

我常对学生说，你可以有很多想法，不要执着于某一个想法。我们走过的人生一直在告诉我们这个道理。我们在读幼儿园的时候，有没有喜欢的东西？上小学后，我们喜欢的东西有没有换？读初中、高中、大学的时候有没有继续换喜欢的东西？其实我们是很善变的。其实我们没有那么执着。

我们一直在变，可是当下都很执着。当你在争论事情的时候，你是最执着的。事后你会发现，你当时的坚持无足重要，对方的坚持也无足重要，你们的想法随着时间的行进而

改变了。所以我常说，不怕你有想法，就怕你太过执着于某
个想法，被想法囚住。

　　执着就是一种在乎，就是有所求。有所求就有所"囚"。
不只身体被囚住了，思想也被囚住了。

第九十一节

跟你在一起真的不容易

你知道吗？别人跟你在一起不容易。你有自己的情绪、个性、想法，有时候你甚至拿自己也没办法。别人要跟你在一起，真的会很不容易。那你是否能体谅下别人呢？如果你了解你自己，你都不想跟自己谈恋爱。如果你够了解自己，你都不想嫁给（娶）自己。连自己都不想跟自己谈恋爱，连自己都不想跟自己生活在一起，那别人跟你在一起，你要不要感恩对方？

我们连自己都不是全然接纳。比如说你在照相的时候会突出自己的左脸，这说明你喜欢自己的左脸胜过喜欢自己的右脸，你对自己也有分别心。有些女孩子喜欢拍半身照胜过喜欢拍全身照，因为她们会觉得自己腿太粗。她们只接纳自己的上半身。你对自己都不能全然接纳，何况是对别人呢?

有了这种理解，你能否从现在开始，学会包容、接受跟你不

同的人事物呢?

第九十二节

当下你在乎的就是你的生命状态

人的一生会发生很多事情。事情发生之后，你用什么态度去面对它、超越它才是最重要的。他人可以从你面对事情的态度看出你的格局、你的心智模式、你的生命境界，以及你在乎的是什么。事情发生时你的情绪、格局、心智都在呈现你的生命状态。

如果一根骨头丢下去，狗过去抢，你也去抢，那么说明你的生命境界跟动物的生命境界是差不多的。我们常说，你的等级是怎样的，要看你的对手。你是在路边卖苹果的，你的对手应该不是苹果公司吧？你的对手应该是另外一个在路边卖水果的，对不对？总之，看看你的竞争对手，你才能知道你的等级。如果你天天跟他斗，那么不要太高兴，因为其实你的等级跟他是一样的。

第九十三节

没有打开觉察、提高心智，你可能会 成为你所讨厌的人

我们都不喜欢某种生命状态，可是我们在无形中会活出这种生命状态。比如，我第一天和同事打招呼，他没理我。第二天打招呼，他也没理我。第三天打招呼，他还是不理我。到了第四天，我就不问候他了。因为我最讨厌没有礼貌的人，可是第四天我也成了一个没有礼貌的人。所以小心哦，小心成为你所讨厌的那种人。再比如说，我最讨厌黑暗和暴力了，但是有一天我被打了，被欺负了，感到愤愤不平，然后我就用暴力反击，最后我也被黑暗和暴力奴役了。

我最讨厌没有礼貌的人，最后自己也成了没有礼貌的人。我最讨厌黑暗和暴力，最后也被黑暗和暴力奴役了。我

最讨厌小肚鸡肠、搬弄是非的人，最后也成了那样的人。如果没有打开觉察，提高心智，你都不知道你已经被同化了。你没有觉察到自己已经不知不觉间成了自己不喜欢的人。

第九十四节
承认才会觉察

人在很多时候容易被情绪控制，很难察觉自己的情绪。我曾经和我的一个学生说："天宝，你在生气哦！"他回我："哪有！我哪有生气，我讲话比较大声而已！"你猜他会不会继续生气？他会继续生气。如果他回答"对，我在生气"，那么我想他马上就不生气了。为什么？因为他承认自己在生气，他觉知到自己在生气。

我对一位朋友说："我们出去吃饭很多次，你都没有请过客哦。你这样有点小气哦。"如果他回答"我哪有？我只是比较节省而已"，那么他会不会继续小气下去？会的。如果他回我"对哦，不好意思，明天我请客"，那么他马上就会变得很大方。为什么？因为他承认自己很小气，对此有觉察。

当我们没有觉察到自己的情绪、状态时，我们会继续处在某种情绪、状态中。当我们能够跳出来看自己的情绪、状态时，我们就能够摆脱某种情绪、状态。

第九十五节
放得下的心态

当有人提点你，而你正在庐山中时，那就离开庐山再来
看庐山。当有人提点你，而你落入某种情绪中时，请你从情
绪中抽离出来，再去看自己。你会感慨，自己刚刚的情绪状
态怎么那么不好，刚刚怎么那么执迷不悟。我们人一般都会
落入某种情绪中，被某种情绪掌控。一般人都不会觉得自己
如何不好，因为人都有些自以为是，并且自以为别人不是。

我们可以随时觉察自己的情绪、想法、思维，回到清净
的状态。当我们处在清静的状态时，我们再回过头来看刚刚
的情绪、刚刚的想法、刚刚的行为。你会发现，没有什么放
不下。

第九十六节

觉察当下

在十年前，当你遇到一件事情时，你会以某种反应模式应对。如果在二十年之后，当你遇到类似的事情时，你的反应模式还是和二十年前一样，这说明你是没有成长的。二十年前你的反应模式是这样子，那为什么二十年之后的现在你还是这样子呢？因为你没有重新看待自己的经验。如果你能从二十年前的事情中习得不一样的经验，那么二十年后的现在，你的反应不会是二十年前的反应，你会知道该如何作为。

你可以活在过去，让你的现在等于过去，也可以重塑人生。重塑人生是你在主动策划。那什么叫活在过去？就像临摹字帖一样，只是依样画葫芦，而你没有改变，没有不同。

你不应该让自己的人生只是一场重播，你的人生可以重新演出。问题是你怎么重塑自己的人生，重写人生的剧本。首先，你必须觉察到自己有没有落入惯性思维当中。当你落入惯性思维当中时，你就回到过去了，只是忙于反应。比如说，上星期有人和我吵架，我当时感到不爽，于是这星期我看到他的时候，我的第一反应也是不爽，然后两个人又吵架了。这是不是跟上星期的情况是一样的，是不是人生事件的一次重播？如果当不爽的情绪一出来，我就能觉察到，然后出离自己看自己，那么我可能在当下就能改写自己的人生剧本，从惯性思维中跳出来。

当你能够觉察当下的时候，你便能够掌握自己的人生。否则，你的人生将会是一次又一次重播，而且你还不自知。

结语

读完这本书，我希望你们能送我四份礼物。

第一份礼物：让自己的生命状态变得更好。如果你做到的话，这就是送我的第一份礼物。

第二份礼物：当你的生命状态变得更好的时候，你要成为家人、朋友、社会、国家的好环境。只要有你在的地方，你就是别人的好环境。因为你这个好环境，人们也会感觉自己的生命状态变得更好。如果你能做到的话，这就是送我的第二份礼物。

第三份礼物：当你有一天有了愿景、使命，找到了自己活着的意义，要去帮助所有跟你有缘的朋友。如果你做到了这一点，这就是送我的第三份礼物。

第四份礼物就是：让我们在终点相遇！